# SELECCIÓN CULINA

# COCIN
# ASIÁTICA

**BLUME**

# Contenido

# Tod Man Pla (Pasteles tailandeses de pescado)

TIEMPO DE PREPARACIÓN: 30 minutos

TIEMPO DE COCCIÓN: 10 minutos

Para 4-6 personas

450 g de filetes de pescado blanco sin espinas
3 cucharadas de harina de arroz o maicena
1 cucharada de salsa de pescado tailandesa
   (de venta en establecimientos especializados
   en productos orientales)
1 huevo batido
15 g de hojas de cilantro frescas
3 cucharaditas de pasta de curry rojo
1-2 cucharaditas de chile rojo picado, opcional
100 g de judías verdes finamente cortadas
2 cebollas tiernas finamente picadas
125 ml de aceite para freír
salsa de acompañamiento o salsa de chile dulce
   embotellada

**1** Triture el pescado en el robot 20 segundos o hasta que adquiera una textura homogénea. Añada la harina de arroz, la salsa de pescado, el huevo batido, las hojas de cilantro, la pasta de curry y los chiles, si lo desea un poco picante. Triture la mezcla 10 segundos o hasta que quede todo mezclado. Pase la mezcla de pescado a un cuenco grande. Añada las judías verdes y la cebolla y mezcle.

**2** Con las manos húmedas, tome 2 cucharadas de la mezcla y haga pasteles finos.

**3** Caliente el aceite en una sartén de fondo grueso a fuego medio. Fría los pasteles de pescado uno por uno hasta que se doren por ambos lados. Póngalos sobre papel de cocina absorbente y sírvalos inmediatamente con la salsa de acompañamiento que más le guste.

*Triture los filetes de pescado hasta que adquieran una textura homogénea.*

*Haga pasteles finos con 2 cucharadas de la mezcla.*

*Fría los pasteles a fuego medio hasta que se doren por ambos lados.*

# Phad Thai (Tallarines de arroz salteados)

TIEMPO DE PREPARACIÓN: 25 minutos
TIEMPO DE COCCIÓN: 10-15 minutos
Para 4 personas

250 g de tallarines de arroz secos
2 cucharadas de aceite
3 dientes de ajo finamente picados
1 cucharadita de chiles rojos picados
150 g de cerdo en lonchas finas
100 g de langostinos crudos picados
75 g de cebollino picado
2 cucharadas de salsa de pescado tailandesa
2 cucharadas de zumo de lima
2 cucharaditas de azúcar moreno
2 huevos batidos
90 g de brotes de soja, bases retiradas
1 cucharada de hojas de cilantro picado
40 g de cacahuetes tostados picados

**1** Sumerja los tallarines de arroz en agua hirviendo 10 minutos o hasta que estén blandos. Escúrralos y resérvelos. Caliente el aceite en un wok o sartén grande. Cuando el aceite esté caliente, añada el ajo, los chiles y el cerdo y saltee 2 minutos, sin dejar de remover.

**2** Añada la carne de los langostinos y saltee 3 minutos. Añada al wok los cebollinos y los tallarines de arroz escurridos, tápelo y deje cocer 1 minuto.

**3** Añada la salsa de pescado, el zumo de lima, el azúcar y los huevos al wok; remueva con unos palillos o con 2 cucharas de madera hasta que el huevo esté cuajado. Esparza los brotes de soja, el cilantro y los cacahuetes.

*Sumerja los tallarines de arroz en agua hirviendo hasta que estén blandos.*

*Incorpore el cebollino picado al wok y remueva.*

*Añada la salsa de pescado, el zumo de lima, el azúcar y los huevos y mezcle.*

# Rollitos de primavera frescos

TIEMPO DE PREPARACIÓN: 30 minutos
TIEMPO DE COCCIÓN: ninguno
Para 8 personas

50 g de fideos de arroz secos
8 obleas de papel de arroz secas
2 huevos duros pelados y cuarteados
16 hojas de albahaca tailandesa común
15 g de hojas de cilantro fresco
10 g de hojas de menta fresca
2 cucharadas de cacahuetes tostados picados
1 zanahoria cortada en tiras finas y cortas
1 pepino pequeño en tiras finas
1 cucharada de cáscara de lima rallada
2 cucharadas de salsa de chile dulce

## Salsa de acompañamiento

3 cucharadas de salsa hoisin
1 cucharada de salsa de pescado
1 cucharada de agua caliente
2 cucharaditas de chile finamente picado

**1** Ponga a remojar los fideos en un cuenco con agua hirviendo 10 minutos para que se ablanden.

**2** Sumerja una oblea de arroz en un cuenco con agua tibia para ablandarla. Sáquela, escúrrala y colóquela sobre la superficie de trabajo. Escurra los fideos.

**3** Ponga ¼ de huevo en el centro de la oblea y cúbralo con 2 hojas de albahaca, unas hojas de cilantro, hojas de menta, cacahuetes, unas tiras de zanahoria y de pepino, un poco de ralladura de lima y una pequeña cantidad de fideos. Rocíe con un poco de salsa de chile por encima.

**4** Aplane el relleno con cuidado, doble por encima la oblea de arroz, doble hacia dentro los laterales y enrolle. Colóquelos sobre una fuente con las uniones hacia abajo, rocíelos con agua y cúbralos con película de plástico. Repita la operación con el resto de ingredientes. Las obleas de arroz deben mantenerse húmedas, ya que de lo contrario pueden quebrarse con facilidad. Siga rociándolas con agua fría mientras las enrolla o si va a tardar en servirlas.

**5** Para la salsa de acompañamiento mezcle todos los ingredientes en un cuenco y sírvala con los rollitos.

*Corte la zanahoria y el pepino en tiras cortas y finas.*

*Ponga ¼ de huevo en el centro de la oblea remojada.*

*Doble el extremo inferior de la oblea, los laterales y enrolle.*

# Curry rojo de hortalizas

TIEMPO DE PREPARACIÓN: 25 minutos
TIEMPO DE COCCIÓN: 20 minutos
Para 4 personas

225 g de brotes o puntas de bambú escurridos
500 ml de leche de coco
125 ml de agua
2 cucharadas de pasta de curry roja
1 cebolla mediana finamente picada
4 hojas de lima kaffir o cafre
2 patatas medianas groseramente picadas
200 g de calabaza groseramente picada
150 g de judías verdes cortadas en trozos
   pequeños
1 pimiento rojo picado
3 calabacines pequeños picados
2 cucharadas de hojas de albahaca fresca
   picadas
2 cucharadas de salsa de pescado
2 cucharadas de zumo de lima
3 cucharaditas de azúcar moreno

**1** Corte los brotes de bambú en mitades, quite los extremos que son duros, y reserve los brotes. Mezcle la leche de coco, el agua y la pasta de curry en un wok o sartén grande. Lleve a ebullición removiendo de vez en cuando.

**2** Añada la cebolla y las hojas de lima kaffir y deje hervir 3 minutos. Añada la patata y la calabaza al wok y cueza a fuego medio 8 minutos, o hasta que la calabaza esté casi cocida. Incorpore las judías, el chile y el calabacín y cueza a fuego lento otros 5 minutos. Añada ½ taza de agua si el curry es demasiado espeso. Agregue los brotes de bambú y la albahaca. Sazone con la salsa de pescado, el zumo de lima y el azúcar. Sirva con arroz al vapor.

*Corte los brotes de bambú por la mitad y quite los extremos.*

*Añada la cebolla y las hojas de lima kaffir y deje hervir 3 minutos.*

*Añada la patata y la calabaza al curry; déjelo cocer a fuego lento.*

# Ensalada de buey

TIEMPO DE PREPARACIÓN: 35 minutos
TIEMPO DE COCCIÓN: 10 minutos
Para 4 personas

3 dientes de ajo finamente picados
4 raíces de cilantro finamente picadas
½ cucharadita de pimienta negra
   recién machacada
3 cucharadas de aceite
400 g de cadera o solomillo de buey
1 lechuga pequeña de hojas tiernas
200 g de tomates cereza
1 pepino mediano
4 cebollas tiernas
15 g de hojas de cilantro

## Aliño
2 cucharadas de salsa de pescado
2 cucharadas de zumo de lima
1 cucharada de salsa de soja
2 cucharaditas de chile rojo fresco picado
2 cucharaditas de azúcar moreno

**1** Mezcle el ajo picado y las raíces de cilantro, la pimienta negra y 2 cucharadas de aceite. Machaque la mezcla en un mortero. También puede pasar la mezcla por el robot. Extienda la mezcla de forma homogénea sobre la carne.

**2** Caliente el resto del aceite en un wok o sartén de fondo grueso a fuego vivo. Ponga la carne en la sartén y fríala 4 minutos por lado, dándole la vuelta una sola vez. Retire la carne de la sartén y déjela enfriar.

**3** Mientras tanto, lave la lechuga y separe las hojas, corte los tomates cereza en mitades, el pepino en trozos y pique las cebollas.

**4** Para el aliño: Mezcle la salsa de pescado, el zumo de lima, la salsa de soja, el chile rojo picado y el azúcar moreno en un cuenco pequeño, y remueva hasta que el azúcar se disuelva.

**5** Corte la carne cuando esté fría en tiras finas. Coloque la lechuga en la fuente de servicio y por encima ponga los tomates, el pepino, la cebolla y las tiras de carne. Rocíe con el aliño y esparza las hojas de cilantro por encima. Sirva inmediatamente.

*Machaque el ajo y las raíces de cilantro con el aceite y la pimienta en el mortero.*

*Una vez que la carne se enfríe, córtela en tiras finas.*

# Curry de pescado crujiente

TIEMPO DE PREPARACIÓN: 30 minutos

+ 15 minutos de remojo

TIEMPO DE COCCIÓN: 10 minutos

Para 4 personas

4 chiles rojos secos medianos

100 g de escalonias

3 dientes de ajo picados

2 tallos de hierba limonera
   (sólo la parte blanca) cortados finos

4 raíces de cilantro

2 cucharaditas de cáscara de lima rallada

½ cucharadita de pimienta verde,
   groseramente machacada

125 ml de aceite

4 filetes de pescado medianos desespinados
   (aproximadamente 750 g)

125 ml de leche de coco

1 cucharada de salsa de pescado

4 hojas de lima kaffir o cafre cortadas
   en juliana

2 cucharadas de zumo de lima

**1** Ponga los chiles rojos en remojo en un cuenco con agua hirviendo 15 minutos o hasta que estén blandos. Escúrralos y píquelos groseramente.

**2** Triture los chiles, las escalonias, el ajo, la hierba limonera, las raíces de cilantro y los granos de pimienta hasta obtener una pasta homogénea. Añada 1 cucharada de aceite para facilitar el proceso y pase una espátula de plástico por los laterales del cuenco para arrastrar la pasta. Extienda una capa fina de pasta por un lado de los filetes de pescado.

**3** Caliente el resto del aceite en una sartén de fondo grueso. Cueza el pescado por tandas si fuese necesario, de 2 a 3 minutos por lado, dándole la vuelta con cuidado con 2 espumaderas para que no se rompa.

**4** Mezcle la leche de coco, la salsa de pescado, las hojas y el zumo de lima en una jarrita. Vierta la mezcla sobre el pescado, baje el fuego y deje cocer a fuego lento 3 minutos. Retire el pescado de la sartén con una espumadera.

*Use guantes para cortar los chiles.*

*Triture el preparado hasta obtener una pasta homogénea.*

*De la vuelta al pescado con 2 espumaderas para que no se rompa.*

# Ensalada de pollo sobre lecho de berros

TIEMPO DE PREPARACIÓN: 40 minutos

TIEMPO DE COCCIÓN: 10-15 minutos

Para 4 personas

3 pechugas de pollo pequeñas
  (350 g aproximadamente)
1 pepino mediano
½ pimiento rojo
150 g de berros
10 g de hojas pequeñas de menta fresca
2 cucharadas de hojas de menta fresca
  en tiras finas, para la guarnición
2 chiles en rodajas finas
2 cucharadas de cebolla frita crujiente
  para la guarnición

### Aliño

3 cucharadas de zumo de lima
2 cucharadas de leche de coco
1 cucharada de salsa de pescado
1 cucharada de salsa de chile dulce

**1** Forre un cestillo de bambú, para cocinar al vapor, con papel sulfurizado y cocine el pollo tapado al vapor sobre un wok o una cacerola con agua hirviendo 10 minutos o hasta que el pollo esté cocido. Retírelo del fuego y déjelo enfriar. Corte el pepino en rodajas finas y corte cada rodaja por la mitad. Corte el pimiento en tiras finas.

**2** Mientras el pollo se enfría, lave los berros y separe las hojas de los tallos. Coloque los berros y las hojas de menta enteras en una fuente. Desmenuce el pollo con los dedos en tiras largas y finas. Mezcle las tiras de pollo, el pepino y el pimiento en un cuenco. Coloque la mezcla sobre el lecho de berros. Vierta el aliño sobre la ensalada y añada la menta fresca en tiras, los chiles cortados y la cebolla frita.

**3** Para el aderezo: Bata el zumo de lima, la leche de coco, la salsa de pescado y la salsa de chile dulce.

*Forre el cestillo de bambú con papel sulfurizado y cueza el pollo.*

*Separe las hojas de berro de los tallos.*

*Una vez cocido el pollo, desmenúcelo en tiras con los dedos.*

# Buey a la barbacoa

TIEMPO DE PREPARACIÓN: 20 minutos
+ 30 minutos de congelación + 2 horas de adobo
TIEMPO DE COCCIÓN: 15 minutos
Para 4-6 personas

500 g de lomo o solomillo de buey
40 g de semillas de sésamo
125 ml de *shoshoyu* (salsa de soja japonesa)
2 dientes de ajo finamente picados
3 cebollas tiernas finamente picadas
1 cucharada de aceite de sésamo
1 cucharada de aceite
Kim Chi (col encurtida) para acompañar

**1** Congele la carne 30 minutos para poder cortarla fina. Tueste las semillas de sésamo a fuego lento de 3 a 4 minutos, agitando la sartén de vez en cuando hasta que se doren. Retírelas de la sartén, déjelas enfriar y después muélalas en el robot o el mortero.

**2** Corte la carne en lonchas finas. Mezcle en un cuenco la carne, la *shoshoyu*, el ajo, las cebollas y la mitad de las semillas tostadas, y agite hasta que la carne esté recubierta con la salsa. Tápela y déjela adobar en el frigorífico 2 horas.

**3** Mezcle los aceites y pincele con la brocha una parrilla, una sartén de fondo grueso o una plancha de barbacoa. Cuando el aceite esté muy caliente, cueza la carne por tandas, dorando cada lado 1 minuto aproximadamente (no exceda el tiempo o la carne quedará correosa). Entre tanda y tanda, vuelva a aplicar aceite y caliéntelo. Sirva la carne con el resto de las semillas molidas esparcidas por encima y Kim Chi (col encurtida). Como guarnición ponga unos bulbos de escalonia.

*Corte la carne en lonchas finas.*

*Mezcle la carne con* shoshoyu, *ajo, cebolla y la mitad del sésamo.*

*La carne no debe cocerse en exceso o quedará correosa.*

# Kim Chi (Col encurtida)

TIEMPO DE PREPARACIÓN: 10 minutos
+ 9 días de reposo
TIEMPO DE COCCIÓN: ninguno
Para 3 tazas

1 col china grande
160 g de sal gema
½ cucharadita de pimienta de Cayena
50 g de jengibre fresco rallado
3 cucharadas de chile picado (la cantidad
   es opcional)
5 cebollas tiernas picadas
2 dientes de ajo finamente picados
1 cucharada de azúcar blanquilla
600 ml de agua

**1** Corte la col por la mitad y después trocéela. Ponga una capa de col en un cuenco grande y añada un poco de sal. Siga colocando capas de col y añadiendo sal; termine con sal.

**2** Cubra la col con un plato llano que se ajuste el máximo al tamaño de las hojas de la col. Ponga algo de peso sobre el plato para aplastar la col y reserve el cuenco en el frigorífico 5 días.

**3** Quite el peso y el plato, y escurra el líquido. Lave la col con agua fría. Aplástela para eliminar el exceso de agua y mezcle la col con la pimienta de Cayena, el jengibre, los chiles, la cebolla, el ajo y el azúcar. Mezcle antes de pasarla a un frasco grande esterilizado. Vierta el agua por encima y cierre con una tapa hermética. Déjela reposar en el frigorífico de 3 a 4 días antes de consumirla.

*Coloque la col formando capas en un cuenco, salando cada capa.*

*Coloque un plato encima de la col y ponga peso sobre el plato.*

*Retire el exceso de agua aplastando la col con las manos.*

# Costillar de cerdo con semillas de sésamo

TIEMPO DE PREPARACIÓN: 30 minutos
TIEMPO DE COCCIÓN: 1 hora 10 minutos
Para 4-6 personas

1 kg de costillar de cerdo cortado
  en trozos de 3 cm
1 cucharada de semillas de sésamo
2 cucharadas de aceite
2 cebollas tiernas finamente picadas
40 g de jengibre fresco rallado
3 dientes de ajo finamente picado
2 cucharadas de azúcar blanquilla
2 cucharadas de vino de arroz
1 cucharada de *shoshoyu* (salsa de soja
  japonesa)
2 cucharaditas de aceite de sésamo
315 ml de agua caliente
2 cucharaditas de maicena
Kim Chi (col encurtida) para
  acompañamiento

**1** Recorte la grasa sobrante del cerdo. Tueste
las semillas de sésamo a fuego lento de 3 a 4 minutos
agitando la sartén de vez en cuando hasta que se
doren. Retírelas, déjelas enfriar y después muélalas
en el robot o en el mortero.

**2** Caliente el aceite en una sartén de fondo grueso.
Dore las costillas a fuego vivo dándoles la vuelta
a menudo, hasta que adquieran un color dorado
oscuro. Escurra el exceso de aceite de la sartén.
Añada la mitad de las semillas de sésamo con
la cebolla, el jengibre, el ajo, el azúcar, el vino
de arroz, el *shoshoyu*, el aceite de sésamo
y el agua. Tape y deje cocer a fuego lento de
45 a 50 minutos, removiendo de vez en cuando.

**3** Mezcle la maicena con un poco de agua fría hasta
obtener una pasta homogénea. Añádala a la sartén
removiendo constantemente, hasta que la mezcla
hierva y se espese. Espolvoree con el resto de
las semillas de sésamo molidas. Sirva con arroz
al vapor y Kim Chi (col encurtida).

*Tueste las semillas de sésamo
hasta que estén marrón oscuro.*

*Dé la vuelta a las costillas
hasta que se doren.*

*Eche la salsa y remueva para que
se mezcle con las costillas.*

# Sushi

TIEMPO DE PREPARACIÓN: 45 minutos
TIEMPO DE COCCIÓN: 8-10 minutos
Para 30 porciones aproximadamente

220 g de arroz blanco de grano redondo
500 ml de agua
1 cucharada de azúcar blanquilla
1 cucharadita de sal
2 cucharadas de vinagre de arroz
125 g de salmón ahumado, trucha o atún
  muy fresco para sashimi
1 pepino pequeño pelado
½ aguacate pequeño opcional
4 láminas de algas nori
wasabi al gusto
3 cucharadas de jengibre encurtido o *shoshoyu*
  de hortalizas, para acompañamiento

**1** Lave el arroz con agua fría hasta
que el agua salga limpia y escúrralo.
Ponga el arroz y el agua en una
cacerola mediana. Lleve a ebullición,
baje el fuego y deje cocer a fuego
muy lento, sin tapar, de 4 a 5 minutos
o hasta que el arroz haya absorbido toda
el agua. Tápelo, baje más el fuego y déjelo cocer
de 4 a 5 minutos más. Retire la cacerola del fuego
y deje enfriar, tapada, 10 minutos.

**2** Añada el vinagre de arroz, el azúcar y la sal al arroz
mezclando con 1 cuchara de madera. Resérvelo.

**3** Corte el salmón en tiras finas. Corte el pepino
y el aguacate en tiritas de 5 cm de largo. Coloque
una lámina de alga nori sobre una esterilla para sushi
o un trozo de papel sulfurizado sobre una superficie
de trabajo plana, con los lados más largos arriba
y abajo. Extienda ¼ parte del arroz sobre la mitad
del nori, dejando un borde de 2 cm alrededor de
los 3 lados restantes. Extienda un poco de wasabi
por el centro del arroz. Coloque ¼ parte de los trozos
de pescado, pepino, aguacate y jengibre o verduras
sobre el wasabi.

**4** Utilizando la esterilla o el papel como guía, enrolle
el nori desde la base con firmeza, envolviendo el arroz
alrededor de los ingredientes. Presione los bordes del
nori para sellar el rollo. Con un cuchillo muy afilado
o eléctrico, corte el rollo en porciones de 2,5 cm.
Repita el proceso con
el resto de ingredientes.
Sirva con *shoshoyu* y wasabi
como acompañamiento.

*Extienda ¼ parte del arroz sobre una
mitad de cada nori.*

*De abajo hacia arriba enrolle el nori
hasta envolver el arroz y el relleno.*

# Tempura de langostinos y verduras

TIEMPO DE PREPARACIÓN: 40 minutos

TIEMPO DE COCCIÓN: 15 minutos

Para 4 personas

20 langostinos grandes crudos
harina común o tempura para el rebozado
215 g de harina para tempura
440 ml de agua helada
2 yemas de huevo
aceite abundante para freír
1 calabacín grande cortado en tiras
1 pimiento rojo cortado en tiras
1 cebolla cortada en aros
*shoshoyu* (salsa de soja japonesa)
  para acompañar

**1** Pele y quite el conducto intestinal a los langostinos; deje las colas intactas. Haga 4 incisiones en el lado inferior de cada langostino, ábralos y extiéndalos.

**2** Enharine los langostinos ligeramente, dejando la cola sin rebozar. Mezcle con cuidado en un cuenco la harina para tempura, el agua y las yemas de huevo y utilícelo inmediatamente (la masa tendrá grumos; no mezcle demasiado).

**3** Caliente el aceite en una sartén de fondo grueso o wok. Sumerja cada langostino en la masa, dejando la cola fuera. Fríalos rápidamente en el aceite caliente. Cuando estén ligeramente dorados, retírelos de la sartén y escúrralos sobre papel absorbente. Repita el proceso con las tiras de verduras, cociendo de 2 a 3 trozos cada vez. Añada tiras de jengibre fresco al *shoshoyu* si lo desea.

*Practique 4 incisiones en la parte inferior de los langostinos.*

*Mezcle ligeramente la masa, con palillos o una cuchara de madera.*

*Sujete los langostinos y sumérjalos en la pasta; deje la cola sin rebozar.*

# Sashimi (Pescado crudo troceado)

TIEMPO DE PREPARACIÓN: 30 minutos
TIEMPO DE COCCIÓN: ninguno
Para 4 personas

500 g de pescado muy fresco como atún, salmón, trucha marisca, caballa, rodaballo, mero o lubina
1 zanahoria pelada para guarnición
1 rábano blanco o daikón pelado para guarnición
*shoshoyu* (salsa de soja japonesa) para acompañar
wasabi, para acompañar

**1** Limpie el pescado y retire toda la piel con un cuchillo de hoja plana. Meta el pescado en el frigorífico para que se enfríe hasta que esté lo suficientemente firme como para cortarlo en lonchas finas del mismo tamaño: 5 mm de ancho. Corte con un movimiento continuo, cuidando de no rasgar el pescado.

**2** Utilice un pelador de hortalizas para cortar la zanahoria o el rábano en tiras largas y finas o córtelos en juliana. Emplee las tiras como guarnición del sashimi.

**3** Coloque los trozos de sashimi preparados y la guarnición en una fuente llana y sírvalo inmediatamente con un cuenco de *shoshoyu* y wasabi mezclados, como salsa de acompañamiento.

*Utilice un cuchillo de hoja plana para quitar la piel al pescado.*

*Corte la trucha y el atún en rodajas iguales de 5 mm de grosor.*

*Con un pelador de hortalizas corte la zanahoria o el rábano en tiras largas.*

# Sopa de miso con tofu

TIEMPO DE PREPARACIÓN: 15 minutos
TIEMPO DE COCCIÓN: 7 minutos
Para 4 personas

250 g de tofu firme
1 cebolla tierna
1 litro de agua
80 g de gránulos de dashi (caldo japonés
    aromatizado con kombu y copos de bonito)
100 g de miso
1 cucharada de mirin

**1** Corte el tofu con un cuchillo afilado en dados
de 1 cm. Corte la cebolla tierna en sentido diagonal,
en trozos cortos. Reserve el tofu y la cebolla.

**2** Mezcle el agua y el dashi con una cuchara de madera,
en una cacerola pequeña, y ponga a hervir la mezcla.

**3** Mezcle el miso y el mirin en un cuenco pequeño
y añada la mezcla al líquido hirviendo de la cacerola.
Baje a fuego medio y remueva el miso, teniendo
cuidado de que no vuelva a hervir una vez disuelto
(un exceso de calor eliminaría su sabor). Añada
los dados de tofu al caldo y caliente a fuego
medio, sin que hierva, 5 minutos. Sírvalo en
cuencos individuales, y adorne con la cebolla.

*Con un cuchillo corte el tofu
en daditos.*

*Mezcle el agua con el dashi y remueva
con una cuchara de madera.*

*Amalgame el miso y el mirin
en un cuenco pequeño.*

# Yakitori (Broquetas de pollo)

TIEMPO DE PREPARACIÓN: 20 minutos + remojo
TIEMPO DE COCCIÓN: 10 minutos
Para 25 brochetas

1 kg de filetes de muslo de pollo
125 ml de sake
185 ml de *shoshoyu* (salsa de soja japonesa)
125 ml de mirin
2 cucharadas de azúcar
10 cebollas tiernas cortadas en diagonal
   en trozos de 2 cm

**1** Ponga a remojar 20 minutos 25 broquetas de madera. Escúrralas y resérvelas.

**2** Corte los filetes de pollo en dados. Mezcle el sake, el *shoshoyu*, el mirin y el azúcar en un cazo pequeño.

**3** Ensarte el pollo en las broquetas alternándolo con los trozos de cebolla. Ponga las broquetas en una placa de horno forrada con papel de aluminio y áselas en el grill precalentado, girándolas y pintándolas a menudo con la salsa, de 7 a 8 minutos o hasta que el pollo esté cocido. Sírvalo inmediatamente, con los trozos de cebolla como guarnición o con ramitas de hierbas frescas.

Con un cuchillo corte el pollo en dados.

Ensarte los trozos de pollo en las broquetas alternando con la cebolla.

Pincele a menudo el pollo con la salsa durante la cocción.

# Pho de buey

TIEMPO DE PREPARACIÓN: 45 minutos
TIEMPO DE COCCIÓN: 4 horas 10 minutos
Para 4 personas

1 kg de huesos de morcillo de buey
350 g de carne de buey para caldo
5 cm de jengibre fresco en rodajas
1 cucharadita de sal
2,5 litros de agua
6 granos de pimienta negra
1 rama de canela
4 clavos
6 semillas de cilantro
2 cucharadas de salsa de pescado
400 g de fideos de arroz gruesos frescos
chiles rojos en rodajas; brotes de soja; hojas
  de albahaca púrpura fresca; cebollas picadas;
  gajos finos de lima, para guarnición
150 g de cadera de buey en lonchas finas
3 cebollas tiernas finamente picadas
1 cebolla mediana finamente picada
7 g de hojas de cilantro fresco, opcional
salsa de chile y salsa hoisin, opcional

**1** Ponga a hervir en una cacerola grande con el agua, los huesos, la carne, el jengibre y la sal. Baje el fuego y deje cocer a fuego lento 3 horas 30 minutos. Espume el caldo y añada los granos de pimienta, la canela, los clavos, el cilantro y la salsa de pescado; déjelo cocer otros 40 minutos. Retire la carne y resérvela para que se enfríe. Escurra el caldo, reservando el líquido y desechando los huesos y especias; vuelva a verter el caldo en la cacerola. Cuando la carne esté fría al tacto (de lo contrario, use guantes), córtela en lonchas muy finas y resérvela.

**2** Cuando falte poco para servir la sopa, sumerja los fideos en una cacerola con agua hirviendo y cuézalos 10 segundos, de lo contrario se ablandarán y se desharán. Escúrralos y repártalos en cuencos soperos grandes.

**3** Coloque la guarnición en una fuente en el centro de la mesa. Ponga a hervir brevemente el caldo de carne. Coloque unas lonchas de carne cocida sobre cada cuenco de fideos, así como unas lonchas de cadera cruda. Vierta con un cucharón el caldo hirviendo y esparza la cebolla, las rodajas de cebolla y el cilantro, si lo utiliza. Cada comensal elegirá su propia guarnición. Puede servirse acompañado de salsa de chile o salsa hoisin.

*Separe las hojas de albahaca de los tallos. Prepare el resto de la guarnición.*

*Pase el caldo por un colador, reservando todo el líquido.*

35

# Pollo al curry

TIEMPO DE PREPARACIÓN: 30 minutos
TIEMPO DE COCCIÓN: 1 hora
Para 4 personas

1,5 kg de pollo troceado, como muslos,
   contramuslos y alas
2 cucharadas de aceite
4 dientes de ajo finamente picados
50 g de jengibre fresco, finamente picado
2 tallos de hierba limonera (sólo la parte
   blanca), finamente picados
2 cucharaditas de copos de chile seco
2 cucharadas de curry en polvo
2 cebollas picadas
2 cucharaditas de azúcar
1 cucharadita de sal
375 ml de leche de coco
125 ml de agua
cebollino fresco, cortado en tiras largas; hojas
   de cilantro fresco y cacahuetes tostados, para
   guarnición

**1** Con un cuchillo o macheta grande, parta cada pieza de pollo por el hueso. Seque los trozos de pollo con papel de cocina.

**2** Caliente el aceite en una sartén grande y de fondo grueso. Añada el ajo, el jengibre, la hierba limonera, el chile y el curry en polvo y remueva constantemente a fuego medio 3 minutos. Añada los trozos de pollo, la cebolla, el azúcar y la sal y remueva con cuidado. Tape y cueza 8 minutos o hasta que la cebolla está blanda, removiendo para que todas las piezas queden recubiertas con el curry. Tape otra vez y deje cocer 15 minutos a fuego lento; el pollo se braseará suavemente soltando sus propios jugos.

**3** Añada la leche de coco y el agua a la sartén y lleve a ebullición, removiendo de vez en cuando. Baje el fuego y deje cocer a fuego lento y sin tapar 30 minutos o hasta que el pollo esté muy tierno. Sírvalo con la guarnición de clavos, cilantro y cacahuetes.

*Parta las piezas de pollo en 2 trozos.*

*Mezcle con cucharas de madera los trozos de pollo con el curry.*

*Añada la leche de coco y el agua al curry y remueva.*

# Pato braseado con setas

TIEMPO DE PREPARACIÓN: 30 minutos + remojo
TIEMPO DE COCCIÓN: 1 hora 10 minutos
Para 6 personas

15 g de setas chinas secas troceadas
1,5 kg de pato
2 cucharaditas de aceite
2 cucharadas de salsa de soja
2 cucharadas de vino de arroz
2 cucharaditas de azúcar
2 tiras anchas de cáscara de naranja fresca,
　más, extra, para la guarnición
125 g de berros

**1** Remoje las setas en agua caliente
20 minutos. Escúrralas.

**2** Con un cuchillo grande o macheta
parta el pato en trozos pequeños por
el hueso. Colóquelo sobre una rejilla
dispuesta sobre una fuente retractaria
y vierta agua hirviendo por encima.
Escúrralo y séquelo con papel
de cocina. Resérvelo.

**3** Aceite con una brocha una sartén de fondo grueso
y caliéntela a fuego medio. Dore los trozos de pato,
dándoles la vuelta, en 2 o 3 tandas según el tamaño
de la sartén, 8 minutos por tanda. Entre tanda
y tanda, limpie la sartén con un papel de cocina
arrugado para eliminar el exceso de aceite. Cuanto
más oscuro esté el pato en este momento, mejor
será el color final.

**4** Seque de nuevo la sartén con papel de cocina
y vuelva a poner los trozos de pato en la sartén.
Añada la salsa de soja, el vino de arroz, el azúcar,
la cáscara de naranja y las setas. Lleve a ebullición,
reduzca el calor y deje cocer a fuego lento y tapado
35 minutos o hasta que el pato esté tierno. Retire
con una cuchara sopera toda la grasa de la superficie.
Sazone el pato con sal y pimienta al gusto y déjelo
reposar tapado, 10 minutos, antes de servirlo. Retire
la cáscara de naranja. Coloque las hojas de berro
en una fuente de servicio grande. Ponga los trozos
de pato en la fuente (procurando no ponerlos
encima de los berros, ya que se estropearían). Vierta
un poco de la salsa sobre el pato inmediatamente
antes de servirlo. Decore con las tiras de naranja.

*Con un cuchillo grande o macheta,
parta el pato en trozos pequeños.*

*Dore los trozos de pato a fuego medio,
dándoles la vuelta con frecuencia.*

*Añada salsa de soja, vino, azúcar,
cáscara de naranja y setas.*

# Pescado asado con cebollas y jengibre

TIEMPO DE PREPARACIÓN: 25 minutos

+ 20 minutos de marinada

TIEMPO DE COCCIÓN: 25 minutos

Para 4-6 personas

750 g de pescado de carne blanca y firme, limpio y descamado

2 cucharaditas de pimienta verde molida

2 cucharaditas de chiles rojos picados

3 cucharaditas de salsa de pescado

2 cucharaditas de aceite

1 cucharada de aceite adicional

2 cebollas medianas en rodajas finas

40 g de jengibre fresco pelado y cortado en rodajas muy finas

3 dientes de ajo en rodajitas finas

2 cucharaditas de azúcar

4 cebollas tiernas cortadas en trozos de 4 cm y después en tiras finas

salsa de limón y ajo para acompañar

**1** Lave el pescado por dentro y por fuera y séquelo con papel de cocina. Haga 2 cortes diagonales por la parte más gruesa en ambos lados del pescado. Muela los granos de pimienta, los chiles y la salsa de pescado en el robot o en un mortero hasta formar una pasta y extiéndala ligeramente con una brocha sobre el pescado. Déjelo reposar 20 minutos.

**2** Caliente una plancha y pincélela con un poco de aceite. Cueza el pescado 8 minutos por lado o hasta que su carne se separe con facilidad al pincharla. Si lo asa bajo el grill no ponga el pescado muy cerca de la fuente de calor para que no se queme.

**3** Mientras se cuece el pescado, caliente el aceite adicional en una sartén y fría la cebolla a fuego medio hasta que se dore. Añada el jengibre, el ajo y el azúcar y cueza 3 minutos. Coloque el pescado en una fuente de servicio, cúbralo con la mezcla de cebolla y esparza la cebolla tierna. Sírvalo inmediatamente con salsa de limón y ajo y trozos de limón o lima.

*Haga 2 cortes diagonales en la parte más gruesa del pescado.*

*Extienda la mezcla de chile con la brocha sobre la superficie del pescado.*

*Fría la cebolla a fuego medio, removiendo hasta que se dore.*

# Arroz frito

TIEMPO DE PREPARACIÓN: 40 minutos
TIEMPO DE COCCIÓN: 15-20 minutos
Para 4 personas

555 g de arroz cocido frío
3 huevos
¼ cucharadita de sal
125 ml de aceite
1 cebolla grande finamente picada
6 cebollas tiernas picadas
4 dientes de ajo finamente picados
5 cm de jengibre fresco rallado
2 chiles pequeños sin semillas y finamente
  picados
250 g de lomo de cerdo finamente picado
125 g de salchichas chinas secas
  en rodajas finas
100 g de judías verdes picadas
100 g de zanahorias en dados
½ pimiento rojo grande en dados
2 cucharaditas de azúcar
3 cucharadas de salsa de pescado
2 cucharaditas de salsa de soja
hojas de cilantro fresco para guarnición

**1** Si los granos de arroz se pegan, rocíelos con 2 cucharadas de agua y sepárelos con un tenedor.

**2** Bata los huevos con la sal en un cuenco hasta que espumen. Caliente una cucharada de aceite en un wok y muévalo para que el aceite cubra las paredes laterales. Vierta los huevos y cuézalos a fuego medio, removiendo de 2 a 3 minutos o hasta que estén cocidos. Retírelos del wok y resérvelos.

**3** Limpie el wok con papel de cocina y vuelva a calentarlo. Añada otra cucharada de aceite y, cuando esté caliente, fría la cebolla, la cebolla tierna, el ajo, el jengibre y los chiles 7 minutos, removiendo con frecuencia o hasta que la cebolla se dore y ablande; retire la mezcla del wok. Añada otra cucharada de aceite y, cuando esté caliente, saltee el cerdo y las salchichas de 3 a 4 minutos o hasta que estén cocidos; retírelos del wok y resérvelos.

**4** Añada el resto del aceite al wok y muévalo para repartirlo por las paredes laterales. Añada las judías, las zanahorias y el pimiento y saltee 1 minuto a fuego vivo. Añada el arroz y remueva para recubrirlo con las verduras y el aceite; saltee 2 minutos. Añada la mezcla de cebolla y carne, el azúcar, las salsas de soja y de pescado y sal al gusto y remueva 30 segundos o hasta que todo esté caliente. Añada el huevo revuelto y remueva. Adorne con las hojas de cilantro.

*Cueza los huevos a fuego medio, revolviendo hasta que estén a punto.*

*Saltee el cerdo y la salchicha en el wok hasta que se estén cocidos.*

# Laksa Lemak (Fideos de arroz con marisco en sopa picante)

TIEMPO DE PREPARACIÓN: 1 hora + remojo

TIEMPO DE COCCIÓN: 1 hora

Para 4 personas

4-5 chiles rojos secos grandes
500 g de langostinos crudos
1,5 litros de agua
1 cebolla roja groseramente picada
50 g de galanga pelada y groseramente picada
4 tallos de hierba limonera (sólo la parte blanca) en rodajas
3 chiles rojos medianos sin semillas y groseramente picados
10 nueces de kukui o cera
2 cucharaditas de pasta de gambas
2 cucharaditas de cúrcuma fresca rallada
3 cucharadas de aceite
500 ml de leche de coco
8 albóndigas de pescado ya preparadas en rodajas
500 g de fideos de arroz finos frescos separados con cuidado con las yemas de los dedos
1-2 pepinos cortados en tiras finas
100 g de brotes de soja sin los extremos
10 g de hojas de menta de Vietnam

**1** Sumerja los chiles en agua caliente 20 minutos, mientras prepara el caldo.

**2** Reserve 4 langostinos y pele el resto, conservando las cabezas, las cáscaras, las colas y las patas. Coloque las peladuras en una cacerola grande y honda de fondo grueso y cueza sin tapar, a fuego medio, 10 minutos, agitando la cacerola de vez en cuando. Las peladuras adquirirán un color naranja oscuro brillante y desprenderán un intenso aroma. Vierta 250 ml de agua y cuando haya hervido y casi se haya evaporado, añada 250 ml más y lleve a ebullición antes de añadir el resto del agua. Si el agua se va añadiendo poco a poco al principio, el color del caldo será oscuro y rico, y todo el sabor del fondo de la cocción se incorporará al caldo. Lleve a ebullición y deje cocer a fuego lento y sin tapar, 30 minutos. Añada los 4 langostinos reservados y espere a que adquieran un color rosado; retírelos con una espumadera y resérvelos. Escurra el caldo y deseche las peladuras. Debe obtener aproximadamente de 500 a 750 ml de caldo.

*Sumerja los chiles en agua caliente 20 minutos.*

*Ponga a hervir 250 ml de agua hasta que casi se evapore.*

*Vierta el caldo a través de un tamiz y deseche las peladuras.*

**3** Mientras cuece el caldo a fuego lento, escurra los chiles y póngalos en el robot con la cebolla, la galanga, la hierba limonera, los chiles frescos, las nueces kukui o de cera, la pasta de gambas, la cúrcuma y 2 cucharadas de aceite. Tritúrelo limpiando los laterales con una espátula, hasta que todo esté finamente picado.

**4** Caliente el aceite restante en un wok y cueza la pasta a fuego lento 8 minutos, removiendo a menudo, hasta que la mezcla desprenda un intenso aroma. Mezcle el caldo y la leche de coco. Lleve a ebullición, baje el fuego y deje cocer la mezcla a fuego lento 5 minutos. Añada los langostinos y las rodajas de las albóndigas de pescado y cueza a fuego lento hasta que los langostinos adquieran un tono rosado.

**5** Cueza los fideos de arroz 30 segundos en otra cacerola con agua hirviendo, (si los deja demasiado tiempo se desharán). Escúrralos y repártalos en 4 cuencos soperos hondos.

**6** Sirva la sopa caliente sobre los fideos con un cucharón. Decore con un poco de pepino, brotes de soja y hojas de menta y ponga un langostino cocido sobre cada cuenco. Sirva inmediatamente. Coloque el resto de la guarnición en una fuente para que cada comensal añada la laksa que desee.

*Triture los ingredientes hasta que queden finamente picados.*

*Añada los langostinos y las rodajas de las albóndigas de pescado.*

*Cueza 30 segundos los fideos de arroz en agua hirviendo.*

# Curry de buey al coco

TIEMPO DE PREPARACIÓN: 1 hora

+ 30 minutos de reposo

TIEMPO DE COCCIÓN: 2 horas

Para 4 personas

350 g de redondo de buey

6 chiles rojos secos

135 g de coco rallado

1 cebolla mediana groseramente picada

3 dientes de ajo

2 tallos de hierba limonera en rodajas

30 g de galanga en rodajas

20 g de jengibre fresco en rodajas

1 cucharada de cilantro molido

2 cucharaditas de comino molido

1 cucharadita de cúrcuma fresca molida o rallada

1 cucharadita de pasta de gambas

1 cucharadita de ralladura de lima

3 cucharadas de aceite

250 ml de leche de coco

1 cucharada de *kecap manis*

1 cucharada de tamarindo concentrado

¼ cucharadita de sal

2 cebollas tiernas en rodajas muy finas

**1** Ponga la carne en una cacerola mediana y cúbrala con agua. Llévela a ebullición, tape y deje cocer a fuego lento 1 hora 30 minutos. Coloque los chiles en un cuenco, cúbralos con agua hirviendo y déjelos en remojo 15 minutos. Mientras tanto, extienda el coco sobre una placa de horno y tuéstelo a 150 °C, 10 minutos o hasta que se dore, agitando la placa de vez en cuando. Saque la placa del horno para evitar que se queme y resérvelo.

**2** Escurra los chiles y póngalos en el robot con la cebolla, el ajo, la hierba limonera, la galanga, el jengibre, el comino, el cilantro, la cúrcuma, la pasta de gambas y la ralladura de lima. Triture añadiendo 2 cucharadas de aceite para facilitar la mezcla, limpie los laterales con una espátula, hasta que la mezcla esté finamente picada y homogénea. Pásela a un cuenco y resérvela.

**3** Retire la carne del caldo y déjela enfriar 20 minutos. Córtela en rectángulos pequeños. Si no tiene mucho tiempo, póngase unos guantes y corte la carne aún caliente. Mezcle la carne con la pasta y déjela adobar 10 minutos.

**4** Caliente el resto del aceite en un wok o sartén de fondo grueso y caliente la mezcla de carne a fuego vivo hasta que se dore. Añada la leche de coco, el *kecap manis*, el tamarindo y la sal; remueva 8 minutos o hasta que la mezcla esté casi seca. Añada el coco tostado al wok y remuévalo. Decore con la cebolla tierna y sirva con arroz hervido y ensalada.

*Mezcle la carne con el adobo en un cuenco y déjela reposar 10 minutos.*

*Añada el coco tostado al wok y remueva hasta que esté mezclado.*

# Nasi Goreng (Arroz frito)

TIEMPO DE PREPARACIÓN: 35 minutos

TIEMPO DE COCCIÓN: 25-30 minutos

Para 4 personas

2 huevos
¼ cucharadita de sal
80 ml de aceite
3 dientes de ajo finamente picados
1 cebolla finamente picada
2 chiles rojos sin semillas y finamente picados
1 cucharadita de pasta de gambas seca
1 cucharadita de semillas de cilantro
½ cucharadita de azúcar
200 g de cadera de ternera cortada en trozos
   pequeños
200 g de carne de langostino cruda
3 tazas de arroz cocido frío
2 cucharaditas de *kecap manis*
1 cucharada de salsa de soja
4 cebollas tiernas finamente picadas
½ lechuga en juliana
1 pepino partido por la mitad y en rodajas
3 cucharadas de cebolla frita crujiente

**1** Bata los huevos y la sal hasta que la mezcla espumee. Caliente una sartén a fuego medio con 1 cucharada de aceite. Vierta aproximadamente ¼ parte de los huevos en la sartén y cuézalos de 1 a 2 minutos o hasta que la tortilla cuaje. Déle la vuelta y cuézala 30 segundos. Retírela de la sartén y repita el proceso con el resto de los huevos. Cuando las tortillas estén frías, enróllelas con cuidado, córtelas en tiras finas y resérvelas.

**2** Machaque en el robot o mortero el ajo, la cebolla, los chiles, la pasta de gambas, el cilantro y el azúcar hasta formar una pasta.

**3** Caliente un wok o una sartén grande y honda a fuego vivo, añada 1 cucharada de aceite y fría la pasta 1 minuto o hasta que desprenda un aroma intenso. Añada la carne y los langostinos y saltéelos hasta que cambien de color.

**4** Suba el fuego y, cuando el wok esté caliente, añada el resto del aceite y el arroz frío. Saltee la mezcla deshaciendo los grumos hasta que el arroz esté caliente. Añada el *kecap manis*, la salsa de soja y la cebolla tierna y saltee 1 minuto más.

**5** Coloque la lechuga alrededor de una fuente grande. Ponga el arroz en el centro y decore con las tiras de tortilla, el pepino y la cebolla frita.

*Triture el ajo, la cebolla, los chiles, la pasta de gambas, el cilantro y el azúcar.*

*Saltee rápidamente la ternera y los langostinos hasta que cambien de color.*

# Fideos de arroz fritos

TIEMPO DE PREPARACIÓN: 30 minutos
TIEMPO DE COCCIÓN: 15 minutos
Para 4 personas

2 salchichas de cerdo secas chinas
2 cucharadas de aceite
2 dientes de ajo finamente picados
1 cebolla mediana finamente picada
3 chiles rojos sin semillas y picados
250 g de cerdo asado a la barbacoa china
   finamente picado
200 g de carne de langostinos cruda
500 g de fideos de arroz gruesos frescos
   separados con cuidado
150 g de cebollino cortados en trozos de 3 cm
2 cucharadas de *kecap manis*
3 huevos ligeramente batidos
1 cucharada de vinagre de arroz
100 g de brotes de soja sin los extremos

**1** Corte las salchichas de cerdo en rodajas diagonales lo más finas posible. Caliente el aceite en un wok grande de fondo grueso o en una sartén grande y honda. Fría las salchichas, removiéndolas con frecuencia hasta que estén doradas y muy crujientes. Retírelas del wok con una espumadera y escúrralas sobre papel de cocina.

**2** Vuelva a calentar el aceite en la sartén, añada el ajo, la cebolla, los chiles y el cerdo; saltee 2 minutos. Añada la carne de langostino y remueva constantemente, hasta que cambie de color. Añada los fideos, el cebollino y el *kecap manis* y remueva. Deje cocer 1 minuto o hasta que los fideos empiecen a ablandarse. Vierta los huevos y el vinagre mezclados por encima y remueva 1 minuto. Tenga cuidado de no cocinar en exceso los fideos, y de que los fideos recubiertos de huevo no se peguen en la sartén.

**3** Añada los brotes de soja a la mezcla y remueva. Sirva la preparación en una fuente grande, reparta las salchichas por encima y revuelva un poco para mezclar algunas rodajas con los fideos. Sirva inmediatamente y decore con un poco de cebollino.

Pique el cerdo a la barbacoa en trozos pequeños.

Retire las rodajas de salchicha del wok y escúrralas.

Vierta el huevo y el vinagre mezclados por encima y revuelva.

# Estofado de pollo y calabaza

TIEMPO DE PREPARACIÓN: 30 minutos

TIEMPO DE COCCIÓN: 50 minutos

Para 4-6 personas

100 g de arroz de grano largo

2 cucharadas de aceite

1 kg de trozos de pollo

3 dientes de ajo aplastados

3 cucharadas de hierba limonera finamente
   picada (sólo la parte blanca)

2 cucharaditas de cúrcuma fresca rallada
   o 1 cucharadita molida

2 cucharadas de galanga rallada

6 hojas de lima kaffir o cafre en juliana

6 cebollas tiernas picadas

1 litro de caldo de pollo

500 g de calabaza en dados

1 papaya verde pequeña pelada y picada

125 g de judías largas o esparraguera
   cortadas en trozos pequeños

**1** Extienda el arroz en una fuente retractaria y tuéstelo
con el horno a 180 ºC, 15 minutos o hasta que se
dore. Déjelo enfriar un poco y tritúrelo en el robot
hasta que quede muy fino.

**2** Mientras tanto, caliente el aceite en una sartén grande
y fría los trozos de pollo por tandas de 5 minutos
o hasta que se doren. Seque cada tanda con papel
de cocina.

**3** Añada el ajo, la hierba limonera, la cúrcuma, la
galanga, las hojas de lima kaffir y la cebolla tierna
a la sartén; cueza a fuego medio 3 minutos o hasta
que la cebolleta se dore. Vuelva a meter el pollo en
la sartén, añada el caldo, tape y deje cocer a fuego
lento 20 minutos. Añada la calabaza y la papaya
y prosiga la cocción a fuego lento 10 minutos.
Añada las judías y cueza a fuego lento otros
10 minutos o hasta que el pollo esté tierno.
Eche el arroz molido, mezcle y llévelo a ebullición,
y deje cocer a fuego lento 5 minutos o hasta
que la mezcla se espese ligeramente. Decore
con hojas de lima kaffir, o cafre.

Fría los trozos de pollo por tandas en
una cacerola grande hasta que se dore.

Añada los trozos de calabaza
y de papaya al recipiente.

Incorpore el arroz molido a la mezcla
y remueva.

# Langostinos al vapor en hojas de banano

TIEMPO DE PREPARACIÓN: 30 minutos

TIEMPO DE COCCIÓN: 15 minutos

+ 2 horas de marinada

Para 4 personas

30 g de jengibre fresco rallado

2 chiles rojos pequeños finamente picados

4 cebollas tiernas finamente picadas

2 tallos de hierba limonera (sólo la parte blanca) finamente picados

2 cucharaditas de azúcar moreno

1 cucharada de salsa de pescado

2 cucharadas de zumo de lima

1 cucharada de semillas de sésamo tostadas

2 cucharadas de cilantro fresco picado

1 kg de langostinos crudos pelados y sin el conducto intestinal

8 hojas pequeñas de banano

**1** Triture el jengibre, los chiles, la cebolla tierna y la hierba limonera en el robot hasta que se forme una pasta. Pase la pasta a un cuenco, incorpore el azúcar, la salsa de pescado, el zumo de lima, las semillas de sésamo y el cilantro y mezcle. Añada los langostinos y rebócelos con la mezcla. Tápelos y déjelos marinar en el frigorífico 2 horas.

**2** Sumerja las hojas de banano en agua hirviendo 3 minutos para que se ablanden. Escúrralas, séquelas y córtelas con unas tijeras en cuadrados de 18 cm.

**3** Divida el preparado de langostinos en 8 porciones; coloque cada porción en una hoja de banano, doble la hoja para encerrar el relleno y cierre los paquetitos con una broqueta de bambú.

**4** Cueza los paquetitos en un cestillo de bambú para cocinar al vapor, dispuesto sobre agua de 8 a 10 minutos, o hasta que el relleno de langostinos esté cocido.

*Corte las hojas de banano en cuadrados con unas tijeras.*

*Envuelva el relleno y cierre el paquetito con una broqueta de bambú.*

# Sopa de pescado y fideos

TIEMPO DE PREPARACIÓN: 15 minutos

TIEMPO DE COCCIÓN: 20 minutos

Para 4 personas

200 g de *vermicelli* secos de arroz
1 cucharada de aceite
25 g de jengibre fresco rallado
3 chiles rojos pequeños finamente picados
4 cebollas tiernas picadas
800 ml de leche de coco
2 cucharadas de salsa de pescado
2 cucharadas de tomate concentrado
500 g de filetes de pescado blanco
   en dados de 2 cm
2 lonchas de jamón en daditos
150 g de judías largas o esparraguera
   en trozos cortos
180 g de brotes de soja sin extremos
20 g de hojas de menta fresca
80 g de cacahuetes tostados sin sal

**1** Sumerja los *vermicelli* en agua hirviendo 5 minutos y escúrralos.

**2** Caliente el aceite en una cacerola grande de fondo grueso, añada el jengibre, los chiles y las cebollas tiernas y cocine a fuego medio 3 minutos o hasta que las cebollas se doren.

**3** Añada la leche de coco, la salsa de pescado y el tomate concentrado, tape y deje cocer a fuego lento 10 minutos.

**4** Añada los dados de pescado, el jamón y las judías a la cacerola y prosiga la cocción a fuego lento 10 minutos o hasta que el pescado esté tierno. Divida los *vermicelli* en cuencos hondos y ponga los brotes de soja y las hojas de menta por encima. Vierta la sopa en los cuencos con un cucharón y decore con los cacahuetes tostados.

*Cueza el jengibre, los chiles y las cebollas a fuego medio.*

*Añada la leche de coco, la salsa de pescado y el tomate concentrado.*

*Incorpore los trozos de pescado, el jamón y las judías a la cacerola.*

# Buey seco laosiano con ensalada de papaya verde

TIEMPO DE PREPARACIÓN: 40 minutos

+ 4 horas de adobo

TIEMPO DE COCCIÓN: 5 horas

Para 6 personas

1 kg de tapa de buey parcialmente congelada
2 cucharaditas de sal
¼ cucharadita de chile en polvo
1 cucharadita de pimienta negra molida
1 cucharada de azúcar moreno
4 dientes de ajo aplastados
2 cucharaditas de aceite de sésamo
1 cucharada de aceite de cacahuete

## Ensalada de papaya verde

1 papaya verde pequeña, pelada y sin semillas
1 zanahoria
2 dientes de ajo aplastados
60 g de jengibre fresco rallado
2 chiles rojos pequeños finamente picados
2 cucharadas de salsa de pescado
4 hojas de lima kaffir o cafre en juliana
1 cucharada de zumo de lima
2 cucharaditas de azúcar moreno
1 cucharadita de aceite de sésamo
30 g de hojas de cilantro fresco
160 g de cacahuetes sin sal tostados

**1** Recorte el exceso de grasa de la carne, córtela en lonchas de 2,5 mm de grosor y después en tiras. Mezcle la sal, el chile en polvo, la pimienta, el azúcar, el ajo, el aceite de sésamo y de cacahuete en un cuenco. Añada la carne y mézclela con las manos con el preparado aceite aromatizado. Tápela, métala en el frigorífico y déjela adobar 4 horas.

**2** Ponga la carne sobre una rejilla dispuesta sobre una fuente refractaria; cuézala a 120 °C 5 horas o hasta que se seque.

**3** Caliente la carne bajo el grill 3 minutos antes de servirla. Sírvala con ensalada de papaya verde.

**4** Para la ensalada de papaya: Corte la papaya y la zanahoria en juliana, con un acanalador de cítricos o un cuchillo afilado. Mézclas en un cuenco con el resto de ingredientes y remuévalo ligeramente hasta que se mezclen. Sirva inmediatamente.

*Mezcle con las manos la carne con el aceite hasta cubrirla.*

*Coloque la ternera sobre la rejilla del horno y cuézala hasta que se seque.*

# Fideos de Singapur

TIEMPO DE PREPARACIÓN: 35 minutos + remojo
TIEMPO DE COCCIÓN: 15-20 minutos
Para 2-4 personas

300 g de *vermicelli* secos de arroz
2 cucharadas de aceite
2 dientes de ajo finamente picado
350 g de lomo de cerdo en tiras
300 g de carne de langostino cruda
1 cebolla grande en tiras finas
1-2 cucharadas de curry en polvo
155 g de judías verdes cortadas en trocitos
    diagonales
1 zanahoria grande cortada en tiritas finas
1 cucharadita de azúcar blanquilla
1 cucharadita de sal
1 cucharada de salsa de soja
200 g de brotes de soja sin los extremos
cebolla tierna cortada en tiras finas para
    guarnición (opcional)

**1** Sumerja los *vermicelli* en agua hirviendo 5 minutos
o hasta que se ablanden; escúrralos.

**2** Caliente una cucharada de aceite en un wok
y añada el ajo, el cerdo y la carne de langostino.
Saltee 2 minutos o hasta que estén cocidos,
y retírelos del wok. Reduzca a fuego medio.

**3** Caliente el resto del aceite en el wok y añada
la cebolla y el curry en polvo; Saltee de 2 a 3 minutos.
Añada las judías, la zanahoria, el azúcar y la sal;
rocíe con un poco de agua y saltee otros 2 minutos.

**4** Añada los *vermicelli* y la salsa de soja al wok
y mezcle con 2 cucharas de madera. Añada
los brotes de soja y el cerdo, sazone con un poco
más de sal, pimienta y azúcar al gusto, y mezcle.
Decore con la cebolla tierna.

Saltee la cebolla con el curry en polvo
de 2 a 3 minutos.

Vierta un poco de agua sobre
las hortalizas después de saltearlas.

Antes de servir, añada los brotes
de soja y el cerdo y remueva.

# Arroz cocido al vapor con leche de coco

TIEMPO DE PREPARACIÓN: 5 minutos + 45 de reposo
TIEMPO DE COCCIÓN: 1 hora 5 minutos
Para 4 personas

500 g de arroz blanco de grano largo
375 ml de leche de coco
1 cucharadita de sal

**1** Vierta 500 ml de agua en un wok. Coloque una hoja grande de papel sulfurizado en el fondo de un cestillo de bambú para cocer al vapor y extienda el arroz por el fondo del mismo. Lleve el agua a ebullición, coloque el cestillo sobre el wok (sin que toque el agua) y tápelo. Cueza el arroz al vapor 35 minutos, remueva a media cocción, y añada más agua si fuese necesario.

**2** Caliente la leche de coco y la sal en una cacerola mediana a fuego lento. Añada el arroz cocido al vapor, lleve a ebullición y remueva. Cúbralo con una tapa que ajuste bien y retírelo del calor. Déjelo reposar 45 minutos o hasta que la leche de coco haya sido absorbida por el arroz.

**3** Vuelva a extender el arroz en el cestillo forrado con el papel y tápelo. Compruebe que el wok tenga agua y después cuézalo al vapor otros 30 minutos.

*Extienda el arroz en el fondo de un cestillo de bambú para cocer al vapor.*

*Añada el arroz cocido al vapor a la cacerola con la leche de coco.*

*Déjelo reposar 45 minutos, hasta que absorba la leche de coco.*

# Satay de pollo con salsa de cacahuetes

TIEMPO DE PREPARACIÓN: 40 minutos

+ 30 minutos de adobo

TIEMPO DE COCCIÓN: 15-20 minutos

Para 4 personas

500 g de filetes de muslo de pollo desgrasados
1 cebolla groseramente picada
2 tallos de hierba limonera
  (sólo la parte blanca) en rodajas finas
4 dientes de ajo
2 chiles rojo picados
2 cucharaditas de cilantro molido
1 cucharadita de comino molido
½ cucharadita de sal
1 cucharada de salsa de soja
60 ml de aceite
1 cucharada de azúcar moreno
pepino en rodajas y cacahuetes tostados
  picados, para guarnición

## Salsa de cacahuete
125 g de mantequilla de cacahuete
250 ml de leche de coco

125 ml de agua
1-2 cucharadas de salsa de chile dulce
1 cucharada de salsa de soja
2 cucharaditas de zumo de limón

**1** Remoje 20 broquetas de madera en agua fría 30 minutos. Corte el pollo en tiras gruesas y planas de 6 cm de largo y 2 cm de ancho. Ensarte 1 tira de pollo en cada broqueta y estírela a lo largo de la misma.

**2** Triture la cebolla, la hierba limonera, el ajo, los chiles, el cilantro, el comino, la sal y la salsa de soja en el robot, en acometidas cortas, hasta obtener una mezcla homogénea, añadiendo un poco de aceite para facilitar el proceso. Extienda la pasta sobre el pollo, tápelo y déjelo reposar en el frigorífico 30 minutos.

**3** Para la salsa de cacahuetes, mezcle todos los ingredientes en una cacerola de fondo grueso y cuézalos a fuego lento, hasta que hiervan. Retire del fuego. La salsa se espesará al reposar.

**4** Caliente una plancha y úntela con el aceite restante. Cueza el pollo de 2 a 3 minutos por lado, rociándolo con un poco de aceite y azúcar moreno (así se obtiene un sabor y un color deliciosos). Sírvalo recubierto con la salsa de cacahuetes y decorado con rodajas de pepino y cacahuetes picados. Sirva el resto de la mezcla de cacahuete como salsa de acompañamiento.

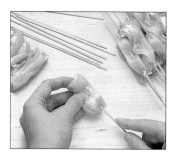

*Ensarte 1 tira de pollo en cada broqueta.*

*Mientras cuece el pollo, rocíelo con aceite y azúcar moreno.*

# Salsas
# de acompañamiento

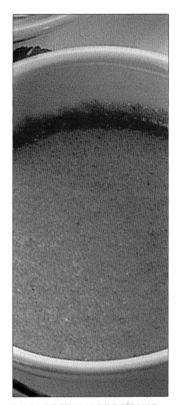

### SALSA BÁSICA PARA REMOJAR

Disuelva en un cuenco pequeño
1 cucharadita de azúcar en 80 ml de salsa
de pescado removiendo constantemente.
Añada 2 cucharadas de vinagre de arroz,
1 cucharada de zumo de lima y 2 chiles
rojos sin semillas y finamente picados.
Ralle ½ zanahoria pequeña pelada
y un rábano pelado, e incorpórelos
a la salsa justo antes de servir. (La salsa
básica, sin las hortalizas, puede guardarse
tapada en el frigorífico hasta 1 semana.)
Sírvala a temperatura ambiente.
Para aproximadamente 125 ml.

### SALSA DE SEMILLAS DE SÉSAMO

Machaque en el mortero o con un molinillo
de café 100 g de semillas de sésamo blanco
japonés tostado hasta formar una pasta.
Añada 2 cucharaditas de aceite vegetal,
si fuese necesario, para facilitar el proceso.
Mezcle la pasta con 125 ml de *shoshoyu*
(salsa de soja japonesa), 2 cucharadas
de mirin, 3 cucharaditas de azúcar
blanquilla, ½ cucharadita de dashi
instantáneo y 125 ml de agua caliente.
Tape y reserve en el frigorífico. Se conserva
hasta 2 días. Para aproximadamente 440 ml.

### SALSA DE JENGIBRE

Pele un trozo de jengibre fresco de 50 g
y rállelo. Mezcle en un cuenco pequeño,
2 cucharadas de azúcar, 2 de vinagre
de vino de arroz, y 1 cucharada de salsa de
pescado, hasta que el azúcar se disuelva.
Añada el jengibre, 2 cucharadas de cilantro
fresco picado y 1 chile verde sin semillas,
finamente picado; deje enfriar 15 minutos
antes de servir. Para aproximadamente
125 ml.

### SALSA DE LIMÓN Y AJO

Mezcle en un cuenco pequeño, 60 ml
de zumo de limón, 2 cucharadas de salsa de
pescado y 1 cucharada de azúcar y remueva
hasta que el azúcar se disuelva. Mezcle
con 2 chiles rojos pequeños picados
y 3 dientes de ajo finamente picados.
Para aproximadamente 185 ml.

### SALSA DE SOJA Y JENGIBRE

Mezcle 250 ml de *shoshoyu* (salsa
de soja japonesa), un trozo de 5 cm de
jengibre fresco pelado y finamente rallado
y 2 cucharaditas de azúcar blanquilla
en un cuenco pequeño. Bátalo y sirva en
los 15 minutos siguientes a su preparación.
Para aproximadamente 250 ml.

# Crepes de plátano y coco

TIEMPO DE PREPARACIÓN: 20 minutos
TIEMPO DE COCCIÓN: 30 minutos
Para 4-6 personas

40 g de harina
2 cucharadas de harina de arroz
60 g de azúcar blanquilla
25 g de coco rallado
250 ml de leche de coco
1 huevo ligeramente batido
4 plátanos grandes
60 g de mantequilla
60 g de azúcar moreno
80 ml de zumo de lima
1 cucharada de coco rallado tostado, para adornar
tiras de cáscara de lima, para adornar

**1** Tamice las harinas sobre un cuenco pequeño. Añada el azúcar y el coco y mézclelos con una cuchara. Haga un hueco en el centro de la harina y vierta dentro la leche de coco mezclada con el huevo. Bata hasta obtener una textura homogénea.

**2** Caliente una sartén antiadherente o una sartén para crepes y derrita un poco de mantequilla. Vierta 3 cucharadas de la masa para crepes y cueza a fuego medio hasta que se dore el lado inferior.

**3** Dé la vuelta a la crepe y cuézala por el otro lado. Pásela a un plato y cúbrala con un paño para mantenerla caliente. Repita el proceso con el resto de la masa, añadiendo más mantequilla a la sartén cuando sea necesario. Mantenga calientes las crepes mientras prepara los plátanos.

**4** Corte los plátanos en rodajas finas diagonales. Caliente la mantequilla en la sartén; añada los plátanos y remuévalos hasta que estén recubiertos. Cuézalos a fuego medio hasta que se empiecen a ablandar y dorar. Espolvoréelos con el azúcar moreno y agite la sartén con cuidado hasta que el azúcar se derrita. Añada el zumo de lima. Reparta los plátanos sobre las crepes y dóblelos para cerrarlas. Espolvoree con el coco y adorne con unas tiras de corteza de lima.

*Bata la masa para crepes hasta que quede homogénea.*

*Remueva despacio el plátano hasta que esté bien recubierto de mantequilla.*

*Espolvoree el azúcar sobre el plátano y agite para que el azúcar se disuelva.*

# Arroz negro apelmazado

TIEMPO DE PREPARACIÓN: 20 minutos

+ una noche en remojo

TIEMPO DE COCCIÓN: 40 minutos

Para 6-8 personas

400 gr de arroz negro
1 litro de agua fría
500 ml de leche de coco
80 g de azúcar de palma rallado
3 cucharadas de azúcar blanquilla
3 hojas de pándano frescas en tiras y anudadas
3 cucharadas de crema de coco
3 cucharadas de maíz dulce

**1** Ponga el arroz en un cuenco grande de cristal y cúbralo con agua. Déjelo en remojo 8 horas, o toda la noche. Escúrralo y páselo a una cacerola mediana con el agua. Lleve lentamente a ebullición, remueva con frecuencia, y deje cocer a fuego lento 20 minutos o hasta que esté tierno. Escúrralo.

**2** Caliente la leche de coco casi hasta que hierva en una cacerola grande de fondo grueso. Añada el azúcar de palma, el azúcar blanquilla y las hojas de pándano y mezcle hasta que los azúcares se disuelvan. Añada el arroz y remueva de 3 a 4 minutos sin que hierva.

**3** Apague el fuego, tape la cacerola y déjela reposar 15 minutos para que los sabores se amalgamen. Retire las hojas de pándano. Sirva caliente con la crema de coco y el maíz.

*Ponga el arroz en remojo 8 horas o toda la noche.*

*Añada los azúcares y las hojas de pándano a la leche de coco.*

*Ayudándose con unas pinzas, retire las hojas de pándano de la mezcla.*

# Helado de mango

TIEMPO DE PREPARACIÓN: 20 minutos + congelación
TIEMPO DE COCCIÓN: ninguno
Para 900 ml aproximadamente

3 mangos frescos (aproximadamente 1,5 kg)
125 g de azúcar blanquilla
3 cucharadas de néctar de mango
300 ml de crema de leche

**1** Pele los mangos, trocéelos y redúzcalos a puré en el robot hasta obtener una textura homogénea. Pase el puré a un cuenco y añada el azúcar y el néctar. Remueva hasta que el azúcar se disuelva.

**2** Bata la crema en un cuenco pequeño hasta que esté a punto de nieve y después incorpórela poco a poco a la mezcla de mango.

**3** Transfiera la mezcla a una bandeja rectangular poco honda, tápela y congele 1 hora 30 minutos o hasta que esté a medio congelar. Vierta la mezcla rápidamente en el robot y tritúrela 30 segundos o hasta que adquiera una textura homogénea. Vuelva a ponerla en la bandeja o en un recipiente de plástico, tápela y congélela por completo. Retire el helado del congelador 15 minutos antes de servirlo, para que se ablande un poco. Sirva las bolas de helado, si lo desea, con trocitos de mango fresco por encima.

*Reduzca a puré los mangos hasta que adquieran una textura homogénea.*

*Añada poco a poco la crema batida al puré de mango.*

*Vierta el helado triturado en la bandeja y congélelo por completo.*

# Glosario

**SEMILLAS DE ACHIOTE** Semillas de pequeño tamaño, de color muy vivo rojo naranja y forma triangular con un sabor sutil. De uso muy extendido en la cocina latinoamericana. Fueron introducidas en Filipinas por los comerciantes españoles. Una vez fritas en aceite, las semillas suelen retirarse, y el aceite coloreado se utiliza para elaborar el plato.

**ESCALONIA ASIÁTICA** Las escalonias crecen en bulbos, como el ajo, y se venden en segmentos parecidos a dientes de ajo grandes. Poseen un sabor concentrado y son fáciles de cortar y picar. Si es necesario utilice cebollas rojas en su lugar. Una cebolla pequeña equivale a 4-6 escalonias.

**HOJAS DE BANANO** Hojas grandes y flexibles del árbol del banano, utilizadas en toda Asia como platos y fuentes desechables, así como para envolver la comida que se va a hornear o cocinar al vapor. Antes de utilizarlas se les quita el tallo central, se lavan con agua fría y se sumergen brevemente en agua hirviendo para que se ablanden.

**ALBAHACA** La albahaca tailandesa posee un aroma intenso y se utiliza mucho en la cocina oriental. Sus hojas se añaden a los currys tailandeses al final de la prepa-

ración. Los vietnamitas la usan como decoración para las sopas. La albahaca limonera, como su nombre indica, tiene un suave sabor a limón. Se espolvorea sobre ensaladas y sopas. Las hojas recuerdan a la albahaca tailandesa, pero no tienen su matiz púrpura.

**BROTES DE SOJA** Utilizados principalmente en ensaladas y como verdura para salteados, los brotes de soja son crujientes, blancos y cortos. Deseche los que estén blandos o marrones. Son muy perecederos, por lo que hay que utilizarlos durante los 3 días siguientes a su adquisición.

**NUEZ DE KUKUI O DE CERA** Frutos secos grandes, de color crema, parecidos a la Macadamia en forma, pero con una textura más seca. No se pueden comer crudas, ya que se cree que el aceite es tóxico. Se emplean molidas para espesar currys y otras salsas.

**CHILES** Los *chiles ojo de pájaro* son los más picantes. De 1-3 cm de largo, se venden frescos, secos o en conserva. Los *chiles rojos pequeños*, de aproximadamente 5 cm de largo, se utilizan para elaborar el chile en polvo y en copos. Son los más utilizados en la cocina tailandesa. Los *chiles medianos*, de 10-15 cm de largo, se utilizan más en la cocina indonesia y malasia. Son muy finos y picantes, pero no demasia-

do. Las semillas son la parte más picante. Los *chiles grandes rojos y verdes*, de 15-20 cm de largo, son gruesos y se utilizan en el norte de Tailandia. El chile rojo maduro es tremendamente picante.

Para que no se irrite la piel, tenga mucho cuidado al quitarles las semillas o picarlos; póngase unos guantes de goma. No se toque la cara, los ojos ni ninguna otra parte sensible del cuerpo después de haber trabajado con ellos, y lávese bien las manos. Si le gusta el chile picante, deje las semillas, pero si prefiere un sabor más suave, quítelas.

El chile entero se congela bien en bolsas de plástico y puede picarse congelado.

**SETAS CHINAS SECAS** Las setas aportan a las recetas un sabor peculiar, y se utilizan en platos orientales con influencias chinas. Consérvelas en un recipiente hermético y en lugar fresco. Antes de usarse deben ponerse en remojo.

**CILANTRO** También conocido como culantro o coriandro, el cilantro es la hierba más comúnmente utilizada en la cocina tailandesa. Se aprovecha toda la planta; la raíz, el tallo, las semillas y las hojas. El cilantro fresco se puede encontrar en tiendas de comida oriental, verdulerías o en plantas. Para almacenarlo, lave y seque la hierba fresca antes de meterla en una bolsa de plástico en el frigorífico; se conserva unos 5-6 días. El cilantro seco no es un buen sustituto.

## CEBOLLA Y AJOS FRITOS CRUJIENTES
Dientes de ajo o cebollas que se fríen en abundante aceite hasta que quedan crujientes. Si no desea hacerlos usted mismo, puede comprarlos empaquetados.

## HOJAS DE CURRY
Se utilizan mucho en la cocina oriental, especialmente para currys de verdura, ya que imprimen un sabor peculiar. Son hojas pequeñas y puntiagudas con un aroma especiado. Se compran secas en tiendas especializadas en productos asiáticos. Se utilizan igual que las hojas de laurel, y se retiran antes de servir.

## RÁBANO BLANCO O DAIKON
Es muy utilizado en Japón. Se ralla o se corta en rodajas finas y se utiliza para decorar, o se conserva en una solución de salsa de soja y azúcar. Se puede encontrar fresco o en conserva.

## GAMBAS SECAS
Gamba pequeñas y saladas, secadas al sol.

## SALSA DE PESCADO
Esta salsa marrón y salada con un olor característico a pescado es un importante ingrediente de la cocina tailandesa y oriental.

## GALANGA
Parecido al jengibre, pero tiene un color rosado y un sabor particular a pimienta. Se utiliza en pastas de curry, salteados y sopas. Utilícelo fresco siempre que sea posible, y tenga cuidado al manejarlo para que el jugo no llegue a las manos ni a la ropa, ya que es muy colorante. La galanga seca debe ponerse en remojo en agua caliente antes de su uso. La galanga en polvo se conoce también como polvo de Laos.

## JENGIBRE
Este ingrediente, delicioso y aromático, es muy importante en la cocina oriental. El jengibre fresco se encuentra fácilmente; adquiera rizomas que no estén blandos ni arrugados, y consérvelos en una bolsa de plástico.

## PAPAYA VERDE
No se trata de una variedad distinta, sino de una papaya que no está aún madura.

## FRUTOS Y HOJAS DE LA LIMA KAFFIR O CAFRE
Es una lima rugosa y de piel oscura con una fuerte fragancia y sabor a lima. Las hojas se cortan en tiras finas para emplearlas en pastas de curry y ensaladas, o se añaden enteras al curry. La corteza también tiene un sabor y olor muy intensos, y se ralla para espolvorear sobre ensaladas, sopas y currys.

## KECAP MANIS
Salsa de soja dulce y espesa, muy utilizada en la cocina indonesia y malasia.

## HIERBA LIMONERA
Hierba aromática fresca cuyos tallos se utilizan en pastas de curry, salteados, y sopas. Recorte la base, quite las capas exteriores más duras y córtela en rodajas finas, píquela o machaque el interior, de color blanco. Para pastas y ensaladas, emplee la parte blanca y tierna situada justo encima de la raíz. Todo el tallo, recortado y bien lavado, puede añadirse a la sopa y al curry mientras está hirviendo y retirarse antes de servir. La hierba limonera también puede encontrarse seca y hay que ponerla en remojo ½ hora antes de usarla. Sin embargo, su sabor es mejor si está fresca.

## MIRIN
Un tipo de sake suave, bajo en alcohol, que se emplea para endulzar salsas, platos gratinados y glaseados.

## MISO
Disponible en muchas variedades, se utiliza en sopas, salsas y adobos.

## FIDEOS
Los *fideos Hokkien* son fideos de harina de trigo que han sido cocidos y ligeramente aceitados antes de empaquetarlos. No se requiere preparación para utilizarlos; simple-

mente saltear o añadir a sopas o ensaladas. Son amarillos y tienen una textura gomosa. Conserve el paquete en el frigorífico hasta el momento de su uso. Las marcas orientales son de mejor calidad. También se conocen y se comercializan como Fukkien o fideos de Singapur.

Los *fideos frescos de huevo* se elaboran con huevo y harina de trigo. Hay que cocerlos en agua hirviendo antes de su uso. Utilizados tradicionalmente para el *chow mein* y para sopas, en la actualidad se utilizan en muchas recetas orientales. Se comercializan en una amplia variedad de anchos; el más común es el cabello de ángel. Conserve el paquete en el frigorífico hasta que se vaya a utilizar.

Los *fideos frescos de arroz* son fideos de arroz blanco que han sido cocinados al vapor y aceitados ligeramente antes de empaquetarlos. Se venden en paquetes listos para su uso. Vienen en fideos finos y gruesos, o en una lámina que puede cortarse con el ancho deseado.

Los *espaguetis frescos de arroz*, también conocidos como fideos Laksa, son fideos frescos de arroz, redondos y blancos parecidos a los espaguetis cocidos. Si no los encuentra puede emplear *vermicelli* de arroz.

Los *tallarines secos de arroz* son fideos planos y traslúcidos, parecidos a los *fettucine*. Antes de usarlos deben remojarse en agua caliente.

Los *vermicelli secos de arroz* son fideos finos y traslúcidos que se venden empaquetados en bloques. Antes de su empleo se ponen en remojo en agua hirviendo o muy caliente hasta que queden blandos, y se escurren bien.

Los *vermicelli secos de judías mungo* (o fideos de celofán) son fideos traslúcidos con aspecto de hilos, elaborados con judías mungo. En muchas recetas se indica que deben remojarse en agua caliente antes de usarlos, pero pueden cocerse en agua hirviendo hasta ablandarse.

Los *fideos soba* son fideos de trigo y se encuentran secos y, en ocasiones, también frescos.

Los *fideos secos udon* son fideos blancos japoneses de harina de trigo, redondos o planos. Se añaden normalmente a la sopa miso, o se cuecen en agua hirviendo antes de usarlos.

Los *fideos frescos udon* son muy populares, y son preferibles a los secos, si se encuentran.

Los *fideos de Shangai* son fideos frescos de harina de trigo blanco. Hay que hervirlos antes de utilizarlos. Pueden ser gruesos o finos, y antes del empaquetado se espolvorean con un poco de harina. En ocasiones a los fideos frescos de huevo se les llama también fideos de Shangai.

NORI La presentación más habitual de las algas secas, utilizada por japone-ses y coreanos. Viene en láminas blandas, a veces tostadas (para un sabor más agradable). Si se tuesta además brevemente sobre una llama, el nori gana frescura y adquiere un sabor a frutos secos.

AZÚCAR DE PALMA Se obtiene de la palma de palmira o de la palma de azúcar y se encuentra en bloques o en tarro. El azúcar de palma es grueso y se desmenuza fácilmente, y puede derretirse o rallarse antes de agregarlo a salsas o aderezos. En caso necesario se puede sustituir por azúcar moreno claro, demerara o azúcar de coco.

JENGIBRE ENCURTIDO Rodajas finas de jengibre fresco, rosado o blanco, conservadas en salmuera. Se utiliza como guarnición para arroces.

ARROZ El de jazmín es un arroz aromático blanco, de grano largo, utilizado en todo el sudeste asiático. Habitualmente se cocina al vapor o por absorción.

El glutinoso negro es un arroz de grano largo empleado en postres y tentempiés orientales. Adquiere una textura apelmazada al cocinarlo, cualidad que agrada a mucha gente. Se suele poner en remojo antes de hervir. El glutinoso blanco también se apelmaza un poco al cocinarlo. Se pone en remojo y se cocina al vapor. Normalmente se sirve como postre, pero en algunos países asiáticos se utiliza como acompañamiento para platos salados, en lugar del arroz blanco de grano largo.

## HARINA DE ARROZ
Se emplea para espesar salsas y currys o para ligar preparados de carne. También se utiliza en  postres. Se puede reemplazar por la maicena, pero en ese caso la textura no será la misma.

## OBLEAS DE PAPEL
## DE ARROZ
Círculos de papel quebradizo, planos y de color claro, que hay que remojar en agua fría o pincelar ligeramente con una brocha para poder manejarlos.

## VINAGRE DE ARROZ
Un vinagre suave, de un delicado sabor dulce, elaborado a base de arroz.

## SAKE
Vino de arroz, disponible en diferentes grados, para cocinar o beber. El sake para cocinar tiene menos contenido alcohólico.

## ACEITE DE SÉSAMO
Un aceite muy aromático, elaborado a partir de las semillas tostadas del sésamo. Utilizado en recetas tailandesas de influencia china. Utilícese con moderación.

## SHOSHOYU
(salsa de soja japonesa) Se trata de una salsa de soja mucho más ligera y dulce que la china, y no tan espesa como el *kecap ma-*

*nis.* Su elaboración es natural, por lo que debe conservarse en el frigorífico una vez abierta.

## PASTA DE
## GAMBAS SECA
(*blachan*) Elaborada a base de gambas o langostinos disecados y sazonados, que después se machacan y se disponen en bloques. De olor muy intenso, una vez abierta debe guardarse en un recipiente hermético en el frigorífico. Siempre debe tostarse o freírse antes de incorporarla a la receta. También se conoce como *belaccin, terasi* o *kapi.*

## PASTA/SALSA DE
## GAMBAS (*bagoong*)
Gambas o langostinos sazonados y fermentados en recipientes de barro cocido.

## JUDÍA ESPARRAGUERA
Judía sin hebras de un color verde intenso que puede llegar a alcanzar los 30 cm, de longitud.

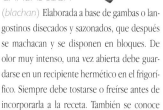

## LÁMINAS DE ROLLI-
## TO DE PRIMAVERA
Láminas de un grosor similar al del papel que se pueden encontrar frescas o congeladas, y se emplean para todo tipo de tentempiés que van enrollados, incluidos los rollitos de primavera. Descongelar las láminas antes de utilizarlas.

## TAMARINDO
## CONCENTRADO
Disponible en una amplia variedad de formas, pero más comúnmen-

te como concentrado, esta vaina fibrosa se emplea para dar un toque ácido a los platos.

## TOFU
Queso de soja de color blanco, se encuentra en bloques duros o blandos. También frito en forma de pastelitos. De gusto suave, el tofu absorbe el sabor de especias y salsas.

## CÚRCUMA
Una especia amarga, apreciada por su intenso y brillante color amarillo-naranja. Se trata de un ingrediente utilizado en muchos currys en polvo. Si emplea la raíz fresca, quítele la piel y rállela.

## MENTA
## DE VIETNAM
Se consume cruda en ensaladas o como acompañamiento de la mayoría de platos vietnamitas; posee un sabor parecido al del cilantro, pero algo más fuerte.

## WASABI
Una pasta de sabor intenso elaborada con la raíz del *wasabi* o raiforte. Es muy picante, por lo que debe usarse con moderación. Se encuentra en forma de polvo o de pasta.

**BLUME**

Título original:
*Asian Favourites*

**Traducción:**
Clara E. Serrano Pérez

**Revisión y adaptación de la edición en lengua española:**
Ana María Pérez Martínez
Especialista en temas culinarios

**Coordinación de la edición en lengua española:**
Cristina Rodríguez Fischer

*Primera edición en lengua española 2004*

© 2004 Naturart, S.A. Editado por Blume
Av. Mare de Déu de Lorda, 20
08034 Barcelona
Tel. 93 205 40 00  Fax 93 205 14 41
E-mail: info@blume.net
© 2004 Murdoch Books, Sídney (Australia)

I.S.B.N.: 84-8076-533-X

Impreso en China

CONSULTE EL CATÁLOGO DE PUBLICACIONES *ON-LINE*
INTERNET: HTTP://WWW.BLUME.NET